Género Cuento folclórico

Pregunta esencial

¿Qué pueden hacer los animales con su cuerpo?

La leyenda del murciélago

Versión de María Nieves
Ilustrado por Felipe Niño

Capítulo 1
¿Quién es Biguidibela? **2**

Capítulo 2
El ave más hermosa **7**

Capítulo 3
La lección **9**

Respuesta a la lectura **12**

LECTURA COMPLEMENTARIA ¿Cómo son los animales? **13**

Enfoque: Género **16**

Capítulo 1
¿Quién es Biguidibela?

—¿Conocen la famosa leyenda del murciélago? Los antiguos mexicanos lo llamaban Biguidibela. Significa "mariposa sin abrigo". Es que, a diferencia de otros animales voladores, el murciélago no tiene plumas —contaba la abuela Meche.

—Cuentan los ancianos que, hace muchos años, el murciélago era el ave más hermosa de la tierra. Tenía plumas de todos los colores que relucían a su paso —continuó la abuela Meche.

—¿Cómo es que hoy es gris y desplumado? —preguntó Chucho.

—¡Paciencia! Ya lo verás —respondió la abuela.

Era invierno. Biguidibela sentía frío. Vio su reflejo en las aguas de una laguna. Notó que, tal como su nombre lo decía, él no tenía abrigo. Sus alas sin plumas le permitían volar muy rápido. También le brindaban protección y oscuridad mientras dormía...

Pero no le daban abrigo ni belleza.

Miró a su alrededor. Vio el colorido plumaje de los pájaros: las doradas plumas del águila real, el resplandor verde del quetzal, el pecho brillante y amarillo del tucán y el rosa del flamenco.

—¿Por qué yo no tengo plumas? —se preguntaba—. Soy gris y tengo frío.

Él también quería tener colores. Y plumas que lo abrigaran en invierno, lo protegieran de la lluvia y lo refrescaran en verano. Entonces pensó un plan: como los otros animales tenían muchas plumas, le pediría una a cada uno.

Capítulo 2
El ave más hermosa

El murciélago fue a visitar a todas las aves. Una por una, les pidió que le regalaran una pluma.

—Amigo zopilote, ¿te muestro mis alas? ¡Mira! Necesitan plumas. ¿Me darías una de las tuyas? ¡Por favor! —pedía con amabilidad.

Aunque algunas no estaban muy contentas con la idea, todas aceptaron regalarle una pluma.

Visitó a todas las aves. Al final, tenía un formidable abrigo de plumas multicolores. ¡Le quedaban muy bien! Ahora estaba abrigado y también muy feliz. Volaba de aquí para allá. De atrás para adelante. De arriba abajo. Estaba orgulloso de su plumaje.

Capítulo 3
La lección

Sin embargo, como suele ocurrir en estos casos... Biguidibela se volvió presumido. Se miraba en el reflejo del lago, admirando su hermosura. Se burlaba de los demás y les hacía bromas.

Entonces, las aves que le habían regalado sus plumas decidieron darle una lección.

—Amiga águila —dijo el tucán—, trae esa roca que hay junto al río. Y tú, amigo colibrí, afila bien tu pico...

El colibrí afiló su agudo pico. Y cuando el murciélago estuvo dormido... ¡le cortó todas las plumas!

Al levantar el vuelo, Biguidibela comenzó a sentir frío. Sus bellas plumas se desprendían una a una, llenando el cielo de colores. Fue una lluvia de suaves plumas que caían a la tierra. Así fue como el murciélago quedó tal y como lo conocemos hoy: gris y sin abrigo.

Dicen que, por la vergüenza de haberse burlado de sus amigos, el murciélago se encerró en una cueva. Y ahí vive todavía.

Respuesta a la lectura

Volver a contar

Vuelve a contar *La leyenda del murciélago,* en orden, con tus propias palabras.

Primero

↓

Después

↓

Luego

↓

Al final

Evidencia en el texto

1. Mira la página 7. ¿Qué hacen las aves para ayudar al murciélago? **Orden de los sucesos**

2. Mira la página 11. ¿Qué sucede después de que el colibrí le corta las plumas al murciélago? **Orden de los sucesos**

3. ¿Cómo sabes que *La leyenda del murciélago* es un cuento folclórico? **Género**

Género No ficción

Comparar textos

Lee para aprender sobre otros animales asombrosos.

¿Cómo son los animales?

Russell Burden/Photodisc/Getty Images

 **Conejo**	 **Cerdo**
Los conejos comen frutas, verduras, ramitas y pasto.	Los cerdos comen de todo: frutas, verduras, insectos, leche ¡y hasta dulces!
Los conejos tienen orejas largas. Escuchan todo lo que ocurre a su alrededor. Sus patas traseras son largas. Eso les sirve para saltar a toda velocidad.	Los cerdos no pueden sudar. Por eso, cuando hace calor, chapotean en el lodo o en el agua.
Los conejos usan pasto, heno y hasta pelo para hacer sus nidos. Ahí cuidan a sus hijos.	¡Los cerdos son listos! Pueden abrir puertas y armarios. ¡Especialmente si guardan comida!

 Avestruz	 León
Los avestruces comen muchas cosas: semillas, flores e insectos.	El león está entre los carnívoros más grandes del mundo. Se le llama "Rey de la selva", aunque vive en la sabana.
Aunque tienen alas, los avestruces no pueden volar.	¡El rugido de un león adulto se puede escuchar hasta a cinco millas de distancia!
¡Los avestruces pueden correr a más de 40 millas por hora! Eso es mucho más rápido de lo que corre cualquier ser humano.	La lengua del león es áspera como papel de lija. Le sirve para desgarrar la comida y para limpiar su pelaje.

Haz conexiones

¿Qué aprendiste acerca de cómo usan su cuerpo los animales, a partir de ambas selecciones?

Enfoque:
Género

Cuento folclórico Un cuento folclórico es una historia inventada, basada en tradiciones y costumbres. Los cuentos folclóricos se transmiten oralmente y a menudo dejan una enseñanza.

Lee y descubre *La leyenda del murciélago* nos enseña que debemos ser agradecidos con nuestros amigos cuando nos ayudan. Los animales del cuento hablan y se comportan como personas. Eso no sucede en la vida real.

Tu turno

Crea un cuento acerca de otro animal que sea especial. ¿Qué puede hacer? ¿Qué parte de su cuerpo usa para hacer lo que hace? Escribe por qué es especial y acompaña tu cuento con un dibujo.